Johann Keysers

Unversehenes Praecipitatvm dess Ost-Indischen Mercvrii

Oder, Aller irrgehenden Philosophen, und des Goldmachenden-Steins Begierigen

Alchymisten plötzlicher Tod

Johann Keysers

Unversehenes Praecipitatvm dess Ost-Indischen Mercvrii
Oder, Aller irrgehenden Philosophen, und des Goldmachenden-Steins Begierigen Alchymisten plötzlicher Tod

ISBN/EAN: 9783743415683

Hergestellt in Europa, USA, Kanada, Australien, Japan

Cover: Foto ©Thomas Meinert / pixelio.de

Manufactured and distributed by brebook publishing software (www.brebook.com)

Johann Keysers

Unversehenes Praecipitatvm dess Ost-Indischen Mercvrii

Vorrede/
An den Alchymi-begierigen Leser.

ES ist unter allen Wissenschafften und Künsten / welche die Menschliche-Vernunft erklügelt hat/ keine angenehmere/ die mehr Eiffer / Lust / Begierd und Verlangen nach derselben an sich ziehen; auch keine gefährlichere / die mehr Leuth/ und zwar fast alle/ die ihrer begehren/ zu Spott und Schanden / ja gar zu Bettelarmen und Narren machen; weder die so hocherhabene / weitberühmte und allen Völckern der Welt so sehr beliebte Kunst der Alchymie. Und

Und daß darumb; dieweil das eine einzige Centrum Concentratum dieser Kunst ist der bey aller Welt Hertzen und Zungen so hochgelobter und geliebter Stein der Weisen / oder Lapis Philosophorum, welchem beides die höchste Gesundheit des menschlichen Leibs und Lebens / und der grösseste Schatz und Reichthumb der gantzen Welt beygeleget wird; so daß / wer diesen Stein der Weisen durch seine Kunst und Geschicklichkeit überkomme / der habe ein solches Universale, mit welchem er sich und alle Menschen gesund und reich genug machen könne; Dann es sey derselbe Stein mächtig alle Kranckheiten an Menschen und Metallen zu vertilgen / und jene in die höchste Gesundheit / diese in das beste Gold und Silber zu tingiren. Dannun faß kein

kein Mensch ist / welcher nicht gerne lang und gesund leben möchte /
sonderlich wann er reich genug darbey
wäre; und auch kein Mensch lebt /
der nicht gern reich genug seye / damit
er seines gesunden und langen Lebens
nach Wunsch gebrauchen könne / als
reitzet die Begierde zum gesunden und
langem Leben / wie auch zum großen
Reichthumb / so viel Million Menschen / Gelehrte und Ungelehrte / Ge-
schickte und Ungeschickte / Verstän-
dige und Narren / sich durch Kunst der
Alchymie dieses Gesund- und Gold-
machenden Steins der Weisen zu
bemächtigen: wenden derwegen alle
ihre Zeit / Kunst / Gesundheit und
Nahrung daran / denselbigen zu er-
werben; werden aber fast alle mit
einander zu Schande und Spott /

A 3.   und

und kommen umb ihr Gut und muth über dem unnachläſſigen Suchē/un nicht finden: Und daß eben darumb die weil ihnen der waare Zeug / un die Berichtung ſolches Zeugs / wor auß der weiſen Stein gemacht we den ſolle/ unbekant iſt: Und we ſie / auß verleitung des Nahmen Mercurii, mit einander in den G dancken ſtehen / ob könte und müſ auß/ mit/ inn/ und durch den geme nen Mercurium der Stein geſchni det und gezimmert werden; deßweg ſie den guten Mercurium ſo üb handelen / und am Ende erfahren daß er ihrer aller geſpottet/und an ſta ſeines flüchtigen oder geflügelt ſchlangen Staabs / ihnen Schlange Giffts gnug in den leib / und d Bettelſtab ſambt dem Narren-K ben in die Hände gegeben / daß
endli

endlich vor Bettler und Hoffnarren mögen paſſiren und herumb Vagi-
ren/ wo ſie wollen. Daß hat nun
einen Liebhabern dieſer Edlen Alcymi-
ſchen Kunſt/ welcher allen betrug des
Mercurii erfahren / und ſo viel betro-
gene Leuth angetroffen / gejamert /
daß er allen Völckern in Europa auß
dem fern entlegenen Oſt-Indien ge-
genwertiges Satyriſches Concept,
zur treuherkigen Warnung zu geſen-
det/ zwar unter verdeckten Worten
die Warheit zu offenbaren/ aber doch
alle und jede dieſes Steins begirige
von ihrem vergeblichen Geſinnen und
Beginnen ab zu mahnen/ und damit ſie auß der Natur den Lebendigen / und lebendigmachenden
Mercurium möchten erkönen und
bereiten lehrnen / ſich vor ferneren
Schaden und Spott zu verhüten

anzuweisen. Gedencke / lieber Leser daß es ein mittel ist. / Narren mit auß lachen gescheut zumachen. Halt es deß wegen diesem spöttischen Mercuri zu gut/ wo er dich etwan bey der Kappe erwischet / und deine Schellen klingeln machet: es ist wohlgemeinet wirds aber übel gedeutet / und auff genommen/ derselbe behalte seine beyd erworbene Mercurialische Caduceos und nehme den Narren-Kolben in die Lincke / den Bettelstab in di rechte Hand / und durchwandere all lande / biß er den Gesund- und Gold machenden Stein der Weisen findet/ so ist er dann reich und verstän dig genug. Damit Glück auff den Weg! Komm bald wider.

Der Ost-Indische Mercurius
redet den N. H. also an:

Ich komme wider zu dir / N. Homo Menelaudes, mein Engel im Geist/ der du so warest / und dich mit deinem Gesichte und Wesen bey den leuthe bezeugtest: Unvergleichlicher Mann! Dessen Nahme so wenig / als deine Tugend bekant war / suchtest auch die geringste Ehre nicht bey der Welt / sondern vergnügtest dich / ob du schon keinem Menschen kündig / das die Götter deinen Nahmen versiegelt hatten. Doch konte es nicht anders seyn / die Götter hatten es also verordnet / daß du mustest mit Ehren offenbahr und bekant werden/ ohngeacht du es mit deinem verdeckten Nahmen der Welt gedachtest zu wiedersprechen. Dich N. Homo Menelaudes; muste der Philanthrophus Philotheorus in dem Siegel erkennen/ als welchem du

A 5   daß

daß Thor der Weißheit geöffnet/ und m[it]
einem einigen Wort / als dem einigen[,]
der alte und verborgene Weißheit He[r]
metis, seinen Augen ein Liecht gegebe[n]
hast. Durch welch ein einiges Ding
(und wüste er schon weiters nichts /) E[inem]
Manns genug ist auß tieffer Nachsi[n]
nung viel Bücher zu machen/ und Wun[=]
der=Ding ans Tagelicht zu bringen / o[b]
er gleich weder gelehrt noch studirt ist/ oh[=]
ne einigen fernern Bericht den Stein de[r]
weisen zusuchen. Darbeyneben findet e[r]
auch in selbigem einem einigen Wort zeu[g]
und Mittel genug / aus dem Grund da[=]
von zu reden / und alle irrgehende Klüg[=]
lingen und Weisen=Stein=Suchern ihr[en]
Irrthumb anzuweisen. Ich Mercurius
weiß vor gewiß / das du weder Lust noc[h]
Gedancken hattest denselben Stein zu be[=]
gehren / noch dich bemühen woltest sol[=]
chen zusuchen oder zufinden; obschon dein[e]
Augen daß Geheimnus des Zeugs un[d]
dessen Arbeit gesehen haben / wie schlecht
und mit geringen kosten von etwan 13
batzen (laß gar 13. Kopstück in allem sein[)]
Dersel=

derselbe geschöpfet/ und wie er/in Mut̃terleib gesetzet/ durch Erkantnuß der Natur wachse/gedeihe/unterhalten/und nach vollendter Tracht zu rechter gelegener Zeit geboren werde. Allein dieweil Er so gar verborgen und geheim ist/erstaunen alle Weisen der Welt von groser Verwunderung und Weißheit-begierigem Fleiß/ welche dennoch je tieffer sie hineinkomen/ je weniger sie verstehen/ wo sie eingehen und was sie thun/ welches der Zeit- Gut- und Blut- verlust verursachet. Ich weiß/ ô Menelaudes! daß der Bericht und die Kundschafft/ welche du dem Philanthropo wegen dieses Steins/ gegeben hast/ gar wohl der gantzen Welt gethan mag werden/damit Sie zur Erkantnuß ihrer Irrthum gelangen/ und von Zeit und Gut verliehren abstehen/ jedoch nie des Steins kündig werden/ als durch eines freunds heimligen unterricht/welches du gleich wohl/ Menelaudes, mehr thatest noch thun woltest in Ehren der Götter/ so diese Wissenschafft bey sich allein und rein behalten.

A 6 Und

(12)

Und so weit Philanthropus auff daß all[er]
kürtzeste / in einem Einigen Worte / de[s]-
sen von dir verständiget ward / ich ve[r]-
sichre dich / daß Er gantz erfreuet si[ch]
vor glückselig / herrlig und wohl vergnü[gt]
get hält / dessen Er dir auch sein leber[=]
tag danck wird wissen: Alldieweil E[r]
nunmehro / ohne den Stein zu haben[/]
oder das er ihn könte bekommen / fur de[n]
Weisen reden mag. Auch wissens wi[e]
Götter mit Warheit / daß Er nie un[d]
nimmermehr nach demselben trachtet [/]
ob er ihn gleich überkommen könte Ic[h]
schwere / Menelaudes, der Mann i[st]
auffrichtig / schlechtes und einfältige[n]
Hertzens / jedoch tüchtig und geschick[t]
gnug hohe Dinge (als wie die Unverstän[=]
dige die Weißheit / und deren Erkant[=]
nuß / die ihnen nicht bewust ist / nennen[)]
zu finden / aber dennoch verwirfft E[r]
die schlechte / einfältige / auffrichtig[e]
Erkantnuß und das Geheimnus / umb
deren willen alle Weisen der Welt / und
die Welt selbsten / alles wagen würden.
Er ist mit dir eins: Deßwegen seyd ihr
Beide

beide den Göttern lieb und werth; welche Euch dafür haben verehret und zu kommen laßen alle alte Weißheit der Egyptischen Bücher/ welche vor 3800. Jahren beschrieben worden/ und also mit deren Sprache in gleichem alter stehen? Solche verstund ihr mit einander/ und haben wir sie euch laßen lernen und uberkommen/ zu der Zeit/ da ihr mit den Göttern der Welt (die Gymnosophisten mein ich) wie arme/ einfaltige und nackete Männer durch Hecken und Büsche herum liefet/ und Euer leben erhieltet/ so das ihr mit ihnen/ als wilde leuthe/ herumb schwermetet/ und bey ihnen wohnetet/ auß Eyfer Lust/ und Begierde die unbekante Weißheit zu erlernen und zu erlangen: Und gewiß/ deine liebe in dieser gelegenheit/ hat dich auch darzu gelangen laßen/ sintemahl du dich gleich alß entzückt in deinem Gemüth hielteste und keine Zeit mehr verlohren achtetest/ dann wann du mustest reden. Deine Philosophische Kleider/ deine niedergeschlagene augen/ deine abhengige Armen/ dein unbewegliges Sitzen/ und/ wann dir

A 7   zugespro-

zugesprochen ward / deine plötzlich-auffhebende Augen / gleich ob du von einem tieffen Schlaff erwachetest / hat die Weltweißheit vor quinten / santen / und Gattungen der Narrheit auffgenommen. Aber der Philanthropus hielt das vor ein Kenn-Zeichen eines Geist- und sinnreichen Gemüths voll innerlichem Nachdencken / und das du / zumahl keine Zeit zu verliehren / mit den Göttern selbsten in Beschauung hoher Wissenschafften geschäfftig wärest. Du weisest wohl / daß er sich mit solchen Gedancken nit betrogen hat. Und nachdem er deines Todes / darinnen du ruhest / verständiget worden / so hält er dich noch beständiger in dem Geist / auff dem Altar seines Hertzens / wegen der guten Kundschafft / welche wir mit einander in der Welt gehabt / und anjetzo bey den Göttern noch unterhalten; und weil Er allein derjenige ist / der dich in deiner Frembdlingschafft auff genommen hat / so daß du einßmahls zu ihm sagtest: ich sehe dich so gerne! welches du nie zu einigem

Men=

Menschen in der Welt / zum zeichen deiner uffrichtigen Liebe und Zuneigung/ mehr gesprochen hast: Also bin durch Göttliche Schickung mit dieser neuen Zeitung und mit dem Concept Saturni, mich zu ihme zu verfügen abgeordnet / Durch welches Er in der Welt und hernacher bey den Göttern in Auffmerckung wird kommen / wann er &c. &.

Folget des Mercurii Relation, und deß Saturni Concept.

Die waare Weysen Philosophen machen es / wie es die Natur welche ohne aufhörn wircket/ ihr euserstes augmerck zu erreichen: und wie der Natur von anfang gestattet ist sich in ihrem Lauf zu verbesseren / und im bereichten Zweck volkömlig in ihrer Ruhe zu belüstigen / also ist es im gegentheil gewiß / daß die meiste Zeit durch all zu hohe/grosse und scharffe Untersuchung mehrers von dem Menschen verlohren und verschertzet weder gefunden und gewonnen wird: Und das eben

eben der Ursachen wegen / weilen ein einiges Ding / nehmlich / die Erneuerung der Wissenschafft natürlicher Dingen, welche den Alten Weißheit-ergebenen bekant gewesen / allen neuen Nachforschern mangelt. Wie viel mögen wohl Weisen/ja der Allerweisesten seyn / die in Stein der Weisen zu suchen/und zu finden / geirret haben / und noch heutiges Tags irrgehen. Gleich wie aber die Natur einig / warhafftig / schlecht und vollkomen; Und gleich wie Gott der Anfang und das Ende der Natur ist: Also wird derselbigen Erkantnuß keinem gegeben / der sich uff eigene Weißheit verlasset / und meinet selbsten den Stein der Weisen zu verstehen / und durch nachgrübelen in der Natur zu erfinden und zu überkommen. Wie viel der Tieffsinnigsten Aufgrübeler finden sich unter den Hochgelehrten / denen ihre selbsten beliebte Spitzfindigkeiten das Hertz so voll g besitzen / die Augen verblenden / Hände und alle Glieder dergestalt abmatten / daß sie nicht nur darüber Fleisch und
Blut

Blut verliehren / sondern auch durch
ihre vergeblige Sorgen und Hoffen endlich darüber entrüstet/ betrogen/ betrübet/
und ergrimt werden / dieweil sie gestehen
müssen / ihre Zeit und Gut übel ange-
wendet zu haben / daß sie gantz Trost-
loß nicht wissen/ was sie thun / oder wo-
hin sie dem Schimpf / Spott und
Hohngelächter entweichen möchten. Daher kompt es dann / daß Spott und Ar-
muth List suchet / auff die List folget Betrug: wie sie dann sich selbsten durch ihr
unabläßliges anhalten / so auß einem
Geld-begierigen Hertzen herkomt / betrogen haben/ und darbey nicht ver-
schmertzen können / daß sie allein die
Narrenkappen solten tragen / alß wollen
sie auch andere zu Narren machen/ und
mit ins Spiel bringen / selbige auch zu
foppen und zu betrigen / ihren verdeckten Schmertzen / oder offenbahre Tohr-
heit/ dardurch zu erleichteren. Und das
komt in Warheit nicht hervon dem Mercurio der waaren Philosophen, auß deme
das vögelein Echineis gezeuget wird; noch
auß

auß dem Sale Alcali, in dem Grund d[es]
Nestes; Noch auß dem Wasser / d[as]
keine Hand naß machet / auß welch[em]
Himmel und Erden gemacht und g[e]-
schaffen sind: Noch auß dem fixen u[nd]
flüchtigen Schwefel; Noch auß de[m]
Salniter, welcher seiner Ruhstelle in de[m]
Welt-Meer hält; noch auß dem tod[ten]
Kopf / oder auß der Grünen-Supp[e]
unsers Meers; noch auß unserm Sala[r]-
meniac; oder / wie ich gesagt habe
auß dem Philosophischen Mercurio, de[m]
Hermetischen Vögelein / welches so th[eu]-
ne und dergleichen Tausenderley ande[re]
Namen / und Zunahmen hat / die ihn
die Kinder des Liechts und der Erkän[t]-
nuß gegeben haben / welche / wie wun[-]
derlich und Frembd solche erdacht / u[nd]
unaußsprechlich zu begreiffen sind / d[aß]
auch die Weiße unter den Weises[ten]
und Spitzfindigsten Nachgrüblern da[r]-
über vereiren; dennoch Namen u[nd]
vöglein / den Kindern des Liechts u[nd]
der Weißheit bekant bleiben. Und wi[e]
auß Göttlicher Schickung solche E[r]-
kan[t]

…ntnuß keinem gegönnet als der nicht
Zeitzig / noch auch so freygebig oder
verschwendisch im weggeben ist / Daß die
so dessen geniessen / Stoltz und Hof-
färtig davon werden / alß welches zween
Grund- Steine sind / uff die der Teuf-
fel und die Sünde ihre Wohnung bau-
en und vest stellen. Bleibt derowegen
dieses Elixier, oder daß fünffte wesen eines jeden Dings / ein einige Sach bey
Gott / geschaffen in eines jegligen Einbildung. Und ob schon aller Dingen
saamen oder sperma nur einerley ist / so
bringt es doch verschiedene Dingen herfür / und das bleibet durch den willen
Gottes sehr bedeckt / und wird wenig gefunden. Und gewißlich / so ein Ein-
fältiger Kenner die Sach / oder den
Mercurium der Philosophen / Recht be-
siehet / und genau sein Wesen und Gestalt überlegt / er wird wohl zu frieden
seyn / und sich glücklich achten / daß er
allein die Erkäntnuß deß Steins der
Weisen in seinem Kopff habe / und
verfluchet den Stein in eines Menschen-
Hand.

Hand. Nicht/ daß in oder an de[m]
Steine der Weisen / als man ihn b[e]-
komt / die geringste Essentiale verflu[ch]-
ung sey/ sondern wann er erworben [ist/]
hanget eine accidentale Verfluchung [an]
demselben / wann er übel angewend[et]
wird. Er ist solchen eine gantz unerträglic[he]
Last/ und führet mit sich eine solche u[n]-
greiffliche Hohe und Schwere Veran[t]-
wortung/ daß ich dafür halte/es sey eine[m]
Menschen leichter/ besser/ ruhiger/ heilig[er]
und seliger eine gantze Welt zu beherrsche[n]
und zu regieren nach seinem Gutachten/ o[b]-
schon in groser Sorg und Gefahr / we[der]
der einigem Menschen mit dem Stei[n]
der Weisen zu helffen.

Und Ihr Europæische Philosophen, A[l]-
chimisten, und die ihr diesen Philosophi[-]
schen Mercurium suchet/ aber nicht findet,
die da sitzet in Euern Laboratoriis, ver[-]
sehen und umbgeben mit so vielen Gläsern,
Helmen/ Kesseln/ Retorten/ und hundert[-]
erley andere Gemächt und werckzeuge/ die
ich nicht alle kenne / worinnen ihr den
Mercurium herberget / dann wieder ver[-]
blaset / außjaget / beschmieret / ersetzet/
Durch

rchtreibet / durchstechet / tödtet / be-
abet / wieder lebend machet / schindet/
ttet / brennet / dämpffet / peiniget /
obrechet / strehiet / versüsset / und zu
ten beschweret / daß er erscheinen solle
einer sothanen Gestalt / wie ihn ein
er nach seiner närrischen Einbildung
en hette: Euch / sage ich / bitte ich /
o doch ruhig / lasset ab / sparet doch
re Zeit / euer Geld / und eure Ge-
ndheit: Ihr werdet ihn nicht finden.
u / Philanthrope, lache nur hertzhafftig
ß ich Mercurius, ihre Narrenbossen
d Grillen erzehle. Sage / ich lache!
e weise Männer mit geruntzelten Stir-
n und gravitätischen stättigem Gesicht /
zen mit ihrem Mercurio, umb den
Stein der Weysen zu erfinden / in ihren
aboratoriis, wie die Narren in ihren
uppen = Krämen / welche mit ihren
uppen wunderseltzam umbgehen / bald
lche ankleiden / bald wieder außkleiden /
ald machen / bald wieder brechen / end-
ch alles mit einander dahin werffen und
it Füssen zertretten.

Und

Und da ich / Mercurius a[n]
[…]se / auß Europa hier in Indien
unter der gleichnächtigen (æ[…]
Linie war / bin ich von den […]
einer rechten auffsteigende Li[…]
gezogen / und durch die Pfo[…]
Pallast hin eingegangen da i[…]
les / waß ich in Europa gese[…]
zehlete: Dessen sich weder Jup[…]
verwunderte / noch der Gött[…]
rüber lachete. Aber Jupiter sp[…]
curi, du bist mit dem Heyl
der Götter beseeliget; du
Wahnweisen weder bekant /
masen von ihnen beleidiget w[…]
wofern du irgends auff der [...]
einkehren / so soltu bey sonst [...]
ben und herbergen / [a]lß bey Le[...]
bescheiden / auffrichtig / schle[...]
fältig sind / die wier (Götte[...]
tige Leuthe nennen; welche r[...]
ferer Gunst begnädigen / daſ[...]
kantnus des waren Göttliche[...]
bekommen. Und wir nennen
auch rechte Philosophien /

kehrte oder Irrige Naturgrübler auff
en Kopff in der Erden stehen/ und
s ihre stinckete Füsse zum besten ge-
. Siehe/ sie sind mit dem Blitz ih-
 verderbens und der Eitelkeit geschla-
: welches sie erfahren/ wann sie zu
he angefangen/ und zu sparhe abge-
en haben. Doch weisestu/ Mercuri,
ß sie noch das Glück bey uns geniesen/
ß wir sie vor fromme Esel annehmen/
eweil sie in ihrem Arbeiten meistens
chtern mässig/ und Frömlig sich bey
rer stetter Nachsinnung gehalten/ so
r/ daß sie auch an nichts Böses ihrem
eben-Menschen zu thun/ mögen ge-
cht haben: der Ursach wegen sie auch
y uns die Ehre haben/ daß wir ihnen
en besondern Stall eingeraumet/ wo-
nnen sie absonderlich verschlossen hoch-
sehnlich mit Langen-Ohren/ andern ge-
einen Eseln weit vorgezogen/ auffge-
eret/ darbey auch Hände und Füssen
nen im vorigen Gebrauch und zu ih-
m noch Hoffenden Vortheil freygelas-
n werden. Und wann nun die Gotter
einmahl

einmahl Lust und Kurtzweil haben wollen / so öffenen sie einen Grahnen /
der Hanen / und laßen ihren Mercurium durch denselben zu ihnen in den St[u]-
laufen / dann gehets ans scharren u[nd]
raffen / kriechend und schleichend / lau-
fend und springend / fallend und da[r-]
melnd / Kopf uber Halß / durch u[nd]
über einander; ein jeder will Mercuriu[m]
haben / fangen und greiffen; und wa[nn]
sie die Hände anschlagen / die Füsse d[a]-
rauf setzen / so sind sie frölich und woh[l]
gemuth / auß Hoffnung / jetzo hetten [sie]
den Mercurium gefangen/ gebunden/ get[öd]-
tet/ überwunden / und in ihre Gewalt b[e-]
kommen. Aber / in dem sie Hände u[nd]
Füsse ledig sehē/ und nichts findē / sonder[n]
daß ihnen der Mercurius wieder entfloh[en]
und entlauffē ist/ erfahren müssen/ dann [ist]
daß Hertzenleid noch grösser: da bezeigen [sie]
so wunderseltzsame Grim-Gramsen/ Aec[h-]
tzen und Krächtzen und allerhand bosirlic[he]
Grammantzen und Geberden/ daß/ fa[lls]
es ein sterblicher Mensch sähe / er mü[ßte]
von Lachen unsterblich werden. Es si[nd]

na

och andere Gattungen / diesen nicht gar
ungleich doch etwas Bößartiger; wir
nennen sie der Götter Affen: und die=
selben müssen viel fester gehalten / gar in
die Enge geschlossen / und wohl verwah=
ret werden. Dann / wo sie loß kämen /
würden sie den Himlischen Hauß-Rath
denen so schändlich zurichten und vernich=
ten / alß ihren Mercurium, oder wie die
Puppen-Narren in der Welt ihren Pup=
pen zu thun pflegen.

Als ich nun gedachte meinen Abschied
zu nehmen / kam Jupiter mihr zuvor /
sagend: warte noch ein wenig! Mein
Vater Saturnus, der alters wegen matt
und verdrossen ist / und darumb hinden
nach zaudern / und mit Ach und Krach
bald anstolpern wird / hat dir eine Bot=
schafft auffzutragen. Und wie sich die
andere umbwandten / sahen sie ihn auff
seiner Steltze daher schnappen; worauff
alsobald ein jeder mauß-still war / und zu=
sehen rückte seiner höchsten Gottheit zu
einen Platz zu machen. Welcher mit
der Zitterenden stimme / die einem brau=

B senden

sendem / zwischen und unter holen Felsen einfallendem Wasser gleich lautete / zu sämptligen Göttern und Göttinnen sprach: Liebe Kinder / es ist Euch eures Vaters Saturni Liebe gar wohl bekant / Krafft welcher euch mit meinen allerbesten Schätzen und Reichthümen versehen und außstaffiret habe / in der Zeit / da ich daß Chaos scheidete / und alles waß da ist / in gute Ordnung stellete / damit durch ein einiges Ding alles herfür gebracht und unterhalten würde in der Wirckung der einfachen Natur. Ihr wisset / liebe Kinder / daß ich daß geringste für mich behalten / euch aber daß Edelste gegeben habe / da doch alles mein hette bleiben können / deßwegen ehren rühmen und erheben euch die Menschen Kinder: so hoch / und beten euch an Tag und Nacht / ohn aufhören. Die Liebe zu eurem Ruhm hat mich darzu bewogen / welchen außzuruffen die Menschen auff Erden weder müde noch verdrossen werden / sondern euch mit einer sothanen ewigen Ehrerbietung liebkoset

sen. Und schon sie etwas verkehrt / dum̃
und unverständig darinn verfahren / so ist
euch doch ein guter Wille weit angenäh=
mer / weder eines auffgeblasenen Men=
schen Werck / welches seinem Gemüth ei=
ne Schande ist. Ich nun / euer alter
Vater / der meine Ruhe in überlegung
und Beschauung meiner Hände=Wer=
cke / und nicht der Menschen Ehr / und
hochachten suche / habe mich gereiniget /
was noch in mihr war außgeschwitzet / a=
ber dem jenigen / welchem sonsten die
Gestalt eines unbeweglígen Leibs gege=
ben war / eingeblasen / und blase ihme
noch ein einen lebendigen Geist / vermit=
telst eines lebendigen Wassers / welches
meine Hand netzet: einen lebendigen Geist
sage ich / der so wohl euren Schatten /
als sonst alle andere Dinge fliehet / und ist
weder bindlich / vermischlich / noch greif=
lich / er dantzet / springet und flattert im=
merdar / und lebet gantz und rund / so
wohl in einem kleinen als in einem grosen
Wesen / allenthalben / und wäre er in
unzehlige Theil zertheilet und zerbrochen:

B 2 Ja /

Ja / es ist dieser Geist so begierich / und so voll großer Liebe / triebs und geneigtheit zu eigener Wachsung und gedeihliger Versamlung / daß / so die zertheilte Leiber sich unter einander berühren / und einander umbfassen / so lauffen sie dermassen eiferich zusamen auß vielen Leibern einen Leib zumachen / daß es wegen ihrer behenden umbfassung eine Lust zu sehen ist: Und geschicht solches so geschwinde wie ein Blitz. Und ob es schon ein fixer lebendiger Leib ist / der weder Hände noch Füsse / Kopff noch Schwantz hat / trägt er doch ein rundes Wesen an seinem Leibe / zum Gedächtnuß meines auffgelöseten Chaos. Dieser ist mein Mercurius, oder die Quinta Essentia meiner überbliebenen Gottheit. Und ich schwere bey meinen greisen Haren / daß ich mich an der Leuth Unverstand nicht stosse: Ihr Irthumb wird mit langen Ohren belohnt / und nach ihrem Tod bleiben sie der Götter Affen / dieweil sie meinem Mercurio Kopff / Schwantz Hände / Arm und Beine wollen anmachen

machen / daß er solle können sehen / gehen und greiffen. Nein doch! daß geschöpf oder den Leib meines Mercurii werden sie nicht verbessern mögen. Dann Er ist allweg frey / und kann an keinem Theil seines Leibes weder angenägelt / angehefftet / vest angemacht / noch gebunden werden. Deß ist er auch gantz würdig: Dann er scheint zu seyn / waß er nicht ist; und waß Er nicht scheint / daß ist er. Auß diesem entstehen die Irthumb und Thorheiten der Philosophen / welche in der Tugend meines Mercurii eine andere Tugend suchen/ die in ihme nic ist/ noch jemals seyn wird. Inzwischen versagen sie seine Substantiale Tugenden/ Kräfften und Wirckungen / entblößen und machen ihn so klein / biß er/als zu nichts werdend nebens ihrem Philosophischem Verstande hinweg flieget / so daß sie ihn nirgends / als im Stalle bey ihren Ihren/ wieder bekommen mögen. Dann ihr meine Kinder/ welche ich zu Götter gemacht/ und zur Herrlichkeit erhaben/ wißts/ daß in meinem ewigen Rath beschlos-
sen

sen und vest gestellt ist / daß alle Philoso=
phen / welche meinen Mercurium, den ic[h]
immerhin/ ohne Auffhören/ in der Natu[r]
auß dem Schweiß meiner übrigen Gött=
lichen Krafft schaffe / so übel und tyran=
nisch handelen/ nimmer und ewig zu d[er]
Erkäntnis euers Göttlichen Mercurii, a[uch]
dem Reichthumb und Glantz eurer Herr=
lichkeit / und euerem Pontischen Wasse[r]
welches allein ein einig Ding ist/ das all[e]
zeit war/ daß allenthalben allezeit ist/ un[d]
daß allezeit anfängt/ und allezeit bleibe[n]
wird/ gelangen sollen: sondern daß die=
ser Philosophen Narrichtes Kunstgeheim=
nis ihnen / gleich als in einer Lufftschw[e]=
benden Schockel / soll behangen bleibe[n]
an ihren eitelen Räthseln/ (wie Agripp[a]
sagt) als/ des grünen Löwen/ des flüchti=
gen Hirschen ; des fligenden Adlers; de[s]
dantzenden Geckens; des Drachen/ wel=
cher seinen Schwantz frisset ; der auffge=
schwollenen Kröten ; des Raben=Kopfs
oder des Schwartzen schwartzer dan[n]
Schwartz ; des Hermetischen Siegels
(lutum Sapientiæ) des Drecks ihrer Thor=
heit

n mit Unfug würde ichs Weiß-
n) und dergleichen unzehlba-
. Ihr Kinder wisset wohl/ daß
richtige Kenner und wahre Phi-
des einen einigen warhafften
hoch halten / weil sie die Bil-
deas) unserer Schöpffung zu der
keit in der Natur / in ein war-
sen zu verändern/ wohl könten
r auß einer heiligen Forcht und
ung die sie in ihrem gegen unsere
Wercke tragendem Mensch-
ehen empfinden/ wollen sie sich/
höpffung nach zu machen/ nicht
/ Daher wir sie/ für die allerbe-
sambste / und allerweiseste / ja
r Erkäntnis Würdige halten.
e Ursach/ Mercuri, daß ich/ Sa-
uß Göttlicher Bescheidenheit
egnis / ein Concept gemacht
esetzet habe von der Gebährung
rcurii, welches du einem Manne/
b habe / und der dir auch wohl
bringen sollest; gib es ihm auff/
meinen Mercurium lerne verstehen

stehen und schöpffen / auff daß die Leute /
ihr Gut und Blut zu erhalten / meinen
Mercurium mit frieden zu lassen / und
denselben in Gold und Silber zu wollen
verwandeln abzustehen / durch ihn gewarnet werden: auch/ daß sie meinen Mercurium, ob schon noch rohe / gleichwohl in seinen eigenen Krafften und hochwerthen
Diensten / als tüchtig genug zu vielen andere Tugenden / welche er/ so er gantz einfältig behandelt wird / herfür bringt / gebräuchen sollen; dieweil er sonsten, die / so übel mit ihm verfahren / mit Schande und
Schaden abstraffet. Und du /, mein
Sohn / sagte Saturnus zu Jupiter, welchen ich in die Ehren-stelle der Götter bestätiget habe / indem ich die meiste Liebe zu dir
trage / höre was ich dir sage: Es ist in
meinem Mercurio sonderlich zu dir eine
grosse Liebe / Zuneigung und Ehrerbietung zu finden; dann wann durch ein
wesentlich Feuer deiner heissen und glüenden Materie, welche auß dem Saltze der
Strahlen deines Blitzes entspriest / ein
gar weniges ihn komt zu ergreiffen / und
auff

auff seinen rund-beschlossenen Leib zu fallen / so gehet das bewegliche auff / und empfängt es/ und wird auß Liebe der Natürlichen Sympathie so voll / daß er gleich einem Sauerteige / in einem Augenblicke auffschwillet/ und in Farben so vollkommen wird / wie ein schwartzer Rabe / diennach / gestalt eines Staubs oder Pulvers / zur Artzeney. Aber so ein theilchen daß auß dem Saltze deiner eigenen Krafft selbst gebohren wird / in meinen schwartzen Mercurium fällt/ sich mit ihme vereiniget/ und ihr beyder Brand gelöschet und abgekühlet ist / so müssen sie beyde sterben: und alsdann kan man sehen / in was vor einem schönen und beweglichen Leibe/ einem weissen Schwanen gantz gleich/ er abstirbt. Doch gib ihm vorhin mit des Vulcani Hammer/ welcher durch des Martis Krafft und subtil wesen zugerichtet ist/ einen Schlag für den Kopff / damit er nicht lang mit dem Todte/ und ohne Verstand in seinen letsten Zügen ringen dörffe. Alsdann stehet mein Mercurius unbeweglich und tod/ und prunckt mit des Mon-

B 5   des

des verliehenen Strahlen / Glantz und Schönheit / wie ein Silber / in dessen Ehre und Schein Er sich auch zu allerhand Zierad gebrauchen lässet: Und letstlich / Ich / der Anfang und Ursprung der Götter / halte den Mann lieb und werth / welcher auß Forcht und Ehrerbiethung / den Göttern zu Gefallen will seyn / ihnen für die verliehene Erkäntnis dancket / sich der Weißheit allein erfreuet / damit zufrieden ist / und ihrem Wercke nicht weiters nachgrübelt. Deß will ich ihme ein besondere Wohlthat / in Erkäntnüß der Schaffung meines Mercurii erweisen / damit er / nehmlich / wissen soll / was derselbe sey / und daß er ihn allen Weißheit-begierigen Philosophen und Suchern / welche bißher so gar übel und ohne Verstand / mit ihme verfahren sind / anweise. Dich mein Sohn / beschwere ich / und so fort alle Götter / diesem Freunde nebenst mir günstig zu verbleiben / dieweil Er unter den Niederländern der Erste seyn soll / an welchen durch deine Gunst / auß diesem Concept die

Genießung

Genießung meiner höchsten Gnade gegönnet wird.

Das Concept, den Mercurium Philosophorum, oder daß Argentum Vivum zu machen/ von Saturno verfasset / lautet von Wort zu Wort also:

℞. Meines Leibs/ der auß der Krafft meines Schweißes geschaffen und gebohren ist/ ein Theil von eim viertel 99. und 8. achtesten theil.

Komme zum Element der Erden/ fordere und sehe von ihr zu bekommen den abgeriebenen Schweiß ihres Angesichts/ da sie erhitzet war/ und recht zwischen den beyden Sonnen des Himmels und des Erdbodens stunde:

Suche auch so viel des Nassen/ gleich schwer des Truckenen/ welche beide auß dem Mond ernehret werden/ so scheinen sie zu leben durch die Bewegung/ da sie doch erst ihr Leben und Unterhalt empfangen/

gen/ wann sie durch Phœbi Strahlen unbeweglich gemacht werden.

Mache dir eine Jungfrau auß der Erden/ die wol und sauber auffgeschlossen ist/ umb verschlossen zu werden: deren du die behörige lebendige Gabel der auffrichtigen Philosophen/ welche die truckene Fettigkeit der Sonnen ist/ in das Maulstecken sollest.

Laß sie essen von meinem Leibe/ der zärtlig klein gemacht/ doch aber nicht zerschnitten/ zermahlen/ gekochet/ gebraten/ gestampffet/ noch gestossen/ sondern mit des Rhinocerotis Martis Zunge fein zerlecket worden ist: belege sie darmit/ das sie empfangen möge.

Nim nun von dem vorigen abgeriebenen trockenen Schweiße Solis daß innerste Nasse/ und daß eusserste Trockene/ beerdige sie mit und unter einander: mache sie und belege sie/ biß es wie ein dünner Teppich außsiehet.

Fahr fort/ und halte dich nicht auff deine Jungfrau zu umbhälsen/ biß sie ermüdet/ und biß zum Halß voll und gesättiget ist.

get ist. Dann mache dir ein Schnupff-
tuch auß den zwo Sonnnen / daß sauber
und schön sey/ und lege selbiges als einen
trockenen Brustlappen auff ihren blossen
Leib ihren Magen zu erwärmen.

Nim dann den flüchtigen Todten/und
den unbeweglichen / vor Todt gleichsam
liegenden/ Lebendigen; Ich sage/den/der
in seinem Leben todt ist / und gleichwohl
lebend in seinem Tode zwiefaltiger weise
erscheinet: Kleide und begecke sie damit.

Sey ein rarer Meister: Bistu es nicht/
so suche einen der geschickt ist das Loch
ihres Leibs zu stopffen: besetze es wohl/
auff daß nichts außlauffe. Und wann
du diese Jungfrau dergestalt wohl und
freundlich umbfangen und digeliebkoset hast/
mustu sie in eine Kammer verschliessen/
damit die Schamhafftigkeit ihr die Frucht
nicht abtreibe. Diese Kammer muß aber
gemacht sein von ungezwungenem saube-
ren und natürlichem Zeug/ gerade in die
Mitten der zwo Centralische und Astrali-
sche Sonnen / welche wie kräfftige Nä-
gel sind/ an welchen ihre Frucht muß han-
gen

gen bleiben/biß sie nach der Geburt wieder abgeschnitten wird/ nach 1. mal 9. 2 halb achtesten und 9. Tagen der Sonnen und 1. mahl 9. 2. halb achtesten und 9 Nachten des Monds/ die Zeit vor beyde ins besonder/ General, und Specia gerechnet.

Der Salniter, ich sage die wunderbare Liebe der Götter/ muß sie durchdringen in dem ernehren und Wachsen meines Kinds. Die Centralische Strahlen der zwo Sonnen werden daßelbe auch mit ihrer abfliessenden Milch unterhalten ernehren und erwärmen/ inwendig und außwendig/ zur rechten Zeit/ wann ich Saturnus über sie beyde herschen und gebieten werde.

Gib wohl achtung: komme nicht zu frühe/ verziehe auch nicht zu spath: sondern alß ich den Leib meines Kindes Mercurii werde in einen Runden Helm beschlossen/ geschmoltzen/ und schmeltzend flüchtig/ und lebendig gemacht haben so sey fürsichtig/ bringe die Jungfer in Kinderbette/ damit sie erbrechen

ihr

ihre Frucht herfür bringt. Halt sie warm / daß sie nicht erkalte: halt sie zum Feuer reibe und butze so lang an den Nabel-Banden der Sonnen / daß nichts mehr überbleibe. Dann hastu daß Kind / den schönen Mercurium, laß ihn nur kühnlig zur Schul gehen / er wird dir allezeit Gewinn und Uberfluß nach Hauße bringen; und Krafft unsers Willens soll er allwege ein Lehrer der Philosophen / und auch ihr Quäler seyn und bleiben / und sich seiner Natur gemäß subtil / schalckhafft / und arglistig bezeigen / so daß ihn niemand wird verführen können / sondern die Verführer werden ehender von ihme / alß er von ihnen betrogen werden. Gehabe dich wohl!

So bald Mercurius mihr Philanthropo Philotheoro diese Dinge erzehlet / und daß Concept übergebrn / ich mich auch gegen ihme höchstens bedanckt hatte / sprach er : sey nicht bekümmert / ich schwere dir bey den Göttern / ich will meine Zeitung / und daß ware und warhaftige Concept des Saturni vertreten :

schreibe

schreibe es auf / oder laß es schreiben: und weil noch andere Curiositäten dich / Philanthrope, verursachen werden etwa in andere Länder zu verreisen / und einige Oerter zubesuchen/so laß hier bey einer privilegirten Person davon eine authentique Schrifft / und dessen abgeschrieben oder gedruckte Copien sende nach Europa: Ich will sie für der Menschen und Zeit Ungelegenheit verwahren. Damit verschwand Mercurius, und ich thät anbefohlener maßen/ ging gleichsfußes zu Johann Keysers von Breda, offenen Notarium / einen vertrauten Mann / auch sonsten wegen guter Kundschafft / die ich mit demselben gepfleget / und weil er dieser Dingen nicht kündig ist; ja / verstünde er sie schon / wäre ihm dennoch wohl zu trauen / er würde meine Geheimniß nicht offenbaren / erzehlte ihme des Mercurii Relation, ließ es zu Papir setzen / deß Saturni Concept decopiiren / und authentique bewahren / damit alle / denen es belieben möchte / ihre Meinung darüber freymütig könten abgeben

geben/dargegen deñ daß Postgeld bezahlet/ die Brieffe beantwortet/und darnebenst die Boten freundlich empfangen sollen werden. Ja wofern nicht ich / sondern mein Vertrauter Freund nechstens in Niderland kommen würde /. will ich darauf bedacht seyn / ihme Instruction mit zugeben / zur Verantwortung und Unterricht wegen dieses Mercurii.

Hiermit seyen und bleiben alle Kunsterfahrne Liebhaber von dem Philanthropo Philothcoro gegrüsset/der auch bey ihnen sämptlig / bey zufälliger Entdeckung seines Nahmens / beliebt wird werden.

Wer diesen Stein noch sucht/ist seiner Sinn beraubt:
Er suchet einen Stein / der ihm doch steckt im Haubt.

ENDE.